BEI GRIN MACHT SICH IHR WISSEN BEZAHLT

AF137296

- Wir veröffentlichen Ihre Hausarbeit, Bachelor- und Masterarbeit

- Ihr eigenes eBook und Buch - weltweit in allen wichtigen Shops

- Verdienen Sie an jedem Verkauf

Jetzt bei www.GRIN.com hochladen und kostenlos publizieren

Bibliografische Information der Deutschen Nationalbibliothek:

Die Deutsche Bibliothek verzeichnet diese Publikation in der Deutschen National-
bibliografie; detaillierte bibliografische Daten sind im Internet über http://dnb.d-
nb.de/ abrufbar.

Dieses Werk sowie alle darin enthaltenen einzelnen Beiträge und Abbildungen
sind urheberrechtlich geschützt. Jede Verwertung, die nicht ausdrücklich vom
Urheberrechtsschutz zugelassen ist, bedarf der vorherigen Zustimmung des Verla-
ges. Das gilt insbesondere für Vervielfältigungen, Bearbeitungen, Übersetzungen,
Mikroverfilmungen, Auswertungen durch Datenbanken und für die Einspeicherung
und Verarbeitung in elektronische Systeme. Alle Rechte, auch die des auszugsweisen
Nachdrucks, der fotomechanischen Wiedergabe (einschließlich Mikrokopie) sowie
der Auswertung durch Datenbanken oder ähnliche Einrichtungen, vorbehalten.

Impressum:

Copyright © 2006 GRIN Verlag
Druck und Bindung: Books on Demand GmbH, Norderstedt Germany
ISBN: 9783638872027

Dieses Buch bei GRIN:

https://www.grin.com/document/82310

Susanne Engelbach

Zu: Dieter Schnebel - Glossolalie 61

GRIN Verlag

GRIN - Your knowledge has value

Der GRIN Verlag publiziert seit 1998 wissenschaftliche Arbeiten von Studenten, Hochschullehrern und anderen Akademikern als eBook und gedrucktes Buch. Die Verlagswebsite www.grin.com ist die ideale Plattform zur Veröffentlichung von Hausarbeiten, Abschlussarbeiten, wissenschaftlichen Aufsätzen, Dissertationen und Fachbüchern.

Besuchen Sie uns im Internet:

http://www.grin.com/

http://www.facebook.com/grincom

http://www.twitter.com/grin_com

JLU Giessen
Institut für Musikwissenschaft und –pädagogik
Seminar: Instrumentation und Form

WS 05/06

Referat:
Dieter Schnebel: „Glossolalie 61"

Susanne Engelbach

Inhaltverzeichnis

Lebenslauf Schnebels

Dieter Schnebel wurde am 14. März 1930 im badischen Lahr geboren und erhielt bereits als Kind Klavierunterricht. Auf dem Gymnasium fertigte er die ersten eigenen Kompositionen an und beschäftigte sich nebenbei mit Philosophie und Theologie.

Nach seinem Abitur 1949 schrieb er sich an der Freiburger Musikhochschule ein, um Konzertpianist zu werden. Da er jedoch nicht in der Meisterklasse aufgenommen wurde, absolvierte er sein Staatsexamen als Privatklavierlehrer.

Bereits zu dieser Zeit pflegte er einen engen Kontakt zu den „Darmstädter Ferienkursen", einer alle zwei Jahre stattfindenden Veranstaltung, bei der sich Komponisten und Instrumentalisten in Seminaren mit den neuesten Strömungen der Neuen Musik beschäftigen.

1952 begann Schnebel das Studium der Musikwissenschaft und Theologie in Tübingen und promovierte in der Musikwissenschaft über die Dynamik bei Schönberg. Gleichzeitig legte er das theologische Examen ab. In den folgenden Jahren komponierte er und wirkte als Pfarrer und Religionslehrer. Seine Position als Lehrer erlaubte ihm nun, auch musikpädagogisch tätig zu werden. So entstand mit seinen Schülern zusammen die Werkreihe „Schulmusik", mit der die späteren Kompositionen „Maulwerke" und „Glossolalie" in Beziehung stehen.

1976 wurde für Schnebel eine Professur für experimentelle Musik und Musikwissenschaft an der Hochschule der Künste in Berlin errichtet, die er bis zu seiner Emeritierung 1995 innehatte. Gleichzeitig übte er eine Predigttätigkeit an der Johann-Sebastian-Bach-Kirche in Berlin-Lichtenfelde aus.

1991 bekam er den Lahrer Kulturpreis, 1999 den erstmals verliehen „Preis der Europäischen Kirchenmusik" von der Stadt Schwäbisch Gmünd für seine Kirchmusikstücke.

Schnebel gilt außerdem als einer der Hauptexponenten des „instrumentalen Theaters".

Schnebels Werke und Kompositionstechnik

1972 veröffentlichte Schnebel eine Sammlung eigener Publikationen unter dem Titel „denkbare Musik". Hans-Klaus Jungheinrich schrieb anlässlich des 70. Geburtstags Schnebels in der Neuen Musikzeitung: „Denkbare Musik` - das heißt: alle nur erdenkliche, jedwede vorstellbare Musik; damit ist das Virtuelle und Utopische einbegriffen und das unbeirrbare Experiment, der Entwurf des Unerhörten, des zwar noch nicht Bedachten, gar

Durchdachten, aber Denkbaren, also des Gedanken Würdigen, durch die Schleuse des Denkens und Machens aus der Möglichkeitssphäre in die Wirklichkeit Eintretenden."[1] Für Schnebel zählte also nur, dass die entsprechende Musik realisierbar war. Bestimmten historischen Gesetzmäßigkeiten und Zwängen musste sie dabei nicht unterworfen sein.

Schnebel strebte mit seiner Musik nicht nur eine Veränderung der Kompositionsweise an, sondern wollte auch einen Wandel der erstarrten Konventionen des Konzertierens und der Musikrezeption anregen. Er wollte die Aufführungen von ihrer strengen Form entfernen.

Zunächst schrieb er ein paar Stücke, die man der seriellen Musik zuordnen kann, danach folgte die Abwendung von dieser Form der Musik und Schnebel wendete sich hin zum „instrumentalen Theater" und zur „Sprachkomposition" – beides sind charakteristische Gattungen für die Avantgarde um 1960.

So entstand ein Gesamtwerk von unübersehbarer Fülle mit viele verschiedenen Ansätzen und Perspektiven. Schnebel ging hierbei jedoch nicht wie zum Beispiel Mauricio Kagel kataloghaft-systematisch alle „denkbaren" Musikbereiche durch, sondern er entwickelte einen „Blick für das Subkutane, für Aspekte und Probleme, die von anderen Komponisten übersehen oder mindestens übergangen werden."[2].

Wie viele Komponisten der Neuen Musik betrachtete auch Schnebel John Cage als Vorbild, dessen Prinzip des Loslassens, das Belassen der Dinge und Klänge wie sie sind die Musikvorstellung veränderte. Schnebel jedoch hatte „nicht die Ruhe des vollkommenen Loslassens, er will erfassen, er will den Menschen als Aktivum dagegen stellen"[3]

Cage lehrte „dass jedwedes Klingende in die Musik aufgenommen werden könne – und ebenso wies er auf die Bedeutung der Stille hin"[4], außerdem zeigte er den Umgang mit der Zeit, denn in seiner Musik gab es viel größere zeitliche Dimensionen. Dies diente Schnebel als Anregung.

Schnebel und die Tradition

In seinem Aufsatz „Die Tradition des Fortschritts und der Fortschritt der Tradition"[5] beschreibt Schnebel die in der Regel als Gegensätzlichkeit verstandene Beziehung von Tradition und Fortschritt: „Tradition ist das, was sich absetzt und verfestigt hat – was alt geworden ist. Das Fortschrittliche dagegen ist das Vorangehende, „Progressive" – also was sich bewegt (…) und zum Neuen führt."[6]. Für ihn selbst jedoch stellen diese Begriffe keine reinen Gegensätze dar. Er glaubt viel mehr, dass Tradition und Fortschritt „verbunden (sind)

4

in einem lebendigen Prozess, ja als Leben. Gefährlicher als Vereinseitigung (ist): das bloße Verharren im Vorhandenen, das jedes Risiko scheut, oder das leere Rotieren im Fortschritt, welches Herkunft leugnet"[7].

Schnebel beschreibt den Begriff Tradition mit seiner Bedeutung in der altjüdischen und frühchristlichen Theologie: `Empfangen und Weitergeben`. Es geht also darum, das Erhaltene weiterzuführen, es aufzuheben als etwas Lebendiges, das sich weiter entwickeln kann. Es handelt sich um „fortschreitende Tradition", d.h. das Vorangegangene wird weiter gegeben. Für Schnebel bedeutet Fort-Schritt aber auch ein Sich-Absetzen, eine Abwendung vom Vorherigen.

Sogar bei den Darmstädter Ferienkursen habe es ein Anknüpfung an einen latenten Strang gegeben: Es kam zwar zu einem Bruch mit der Tradition, da man die Musik nun als Folge klanglicher Ereignisse betrachtete. Jedes Ereignis wurde definiert nach Tonhöhe, Dauer, Intensität und Farbe. Man versuchte also, völlig neu anzufangen, setzte aber doch an Vorhandenem an, vor allem hielt man sich an Webern und Verèse.

Schnebel selbst verstand sich wie Schönberg als musikalischer Ingenieur, der das „musikalische Material quasi weiterentwickelte, wie wenn es sich um chemische oder physikalische Vorgänge handelte"[8].

Schnebel und die Rezipienten der Neuen Musik

Hans-Jörg Pauli beschäftigt sich in seinem Buch „Für wen komponieren Sie eigentlich?" mit den Rezipienten der Neuen Musik. So führte er unter anderem auch ein Interview mit Dieter Schnebel:

In seinen Antworten geht Schnebel davon aus, dass seine Musik auf eine kleine Gruppe von Rezipienten beschränkt ist. Die Musik müsse jedoch nach seiner Meinung hinaus aus ihren festen Zirkeln. Das werde bereits dadurch begünstigt, dass die Musik früher sehr eng gefasst gewesen sei, in den letzten Jahren aber immer mehr allgemein verständlich geworden sei. Die Musik sei „offener" geworden, das Material habe sich geöffnet, denn es werden immer mehr alltägliche Materialien verwendet (es ist nicht mehr die strenge serielle Form).

Ein anderes Publikum könne man auch dadurch erreichen, das man die konventionelle Aufführung veränderte. Schnebel ist der Meinung, dass die Jugend keinen klassischen Konzertbesuch wünscht, sondern fragen, diskutieren und mitreden möchte und Erklärungen des Komponisten erwarte. Die Rundfunkanstalten jedoch hätten Angst vor neuen

Aufführungen mit Diskussionen, da es zu Störungen kommen könne. Deshalb zögen sie die klassische Form der Aufführung vor. Schnebel ist dafür, das Publikum direkt einzubeziehen. Es soll die Möglichkeit bekommen, direkt Stellung nehmen zu können. Jedoch dürfe man dem Publikum nicht die Möglichkeit der Mitgestaltung geben, da es dazu noch nicht befähigt sei.

Auf die Frage, ob die Musik möglicherweise zu anspruchsvoll und zu schwierig sei, argumentiert Schnebel, es sei eine Bewusstseinsänderung nötig, denn wenn man die Musik einfacher machen würde, bekäme man zwar einen neuen Hörerkreis, der alte ginge aber verloren. Man könne nicht nur eine bestimme Musikgattung, ein „Kommunikationssystem" bedienen und dann einfach in ein anderes wechseln. Sondern man müsse versuchen, diese festen Systeme aufzubrechen[9].

Glossolalie 61

Die Grundlage dieses Stückes stellt das Werk „Glossolalie" dar, das Schnebel zwar komponierte, aber nie veröffentlichte. „Glossolalie 61", das 35 bis 45 Minuten dauern sollte, hatte seine Uraufführung 1966 in Paris.

Das Stück „Glossolalie 61" besteht aus 4 Teilen. Diesen werden in der Partitur noch mehrere Seiten mit Erläuterungen vorangestellt. Es werden die Dynamikangaben (von fff bis ppp) und die Tempiangaben (von äußerst rasch bis äußerst langsam) erläutert, die Partien der Sprecher werden von sehr hoch bis sehr tief eingeteilt. Dabei sind die Tonhöhen jedoch nur regional angegeben - der Oktavbereich wird durch waagerechte Linien gekennzeichnet. Dies trifft auch auf die Einsätze der Instrumentalisten zu. Der Dirigent soll als Synchronator und in der szenischen Aufführung als Regisseur erscheinen.

Des weiteren wird die Verteilung der Instrumente erklärt. Das Hauptinstrument von Instrumentalist 1 ist das Harmonium, Instrumentalist 2 spielt das Klavier und dem dritten Instrumentalisten werden die Trommeln (1 kleine, 1 große und 2 Tomtoms) zugeteilt. Alle Instrumentalisten spielen aber auch noch weitere Instrumente, deren Spektrum von der einfach Triangel bis zum Merimbaphon reichen. Außerdem erscheinen neben ausgefallenen Instrumenten wie Maracas und Guiros auch alltägliche Gegenstände wie Gläser, Papier, Lineal uvm. als Geräuscherzeuger.

Der erste Teil des Werkes heißt „Introduktion" und stellt somit scheinbar eine Einleitung in das Werk dar. Der Text leitet in das Stück ein und auch die einzelnen Instrumente werden vorgestellt. Schnell hebt sich die „Introduktion" aber von der einfachen „Einleitung" ab und erscheint durch seine Polyphonie als vollwertiger Satz. Dies wird durch die letzte Textzeile „das Stück ist schon lange im Gang"[10] bekräftigt.

Der Titel „Glossolalie" kann verschiedene Bedeutungen haben. Übersetzt heißt es „Zungenrede" und das „bezeichnet in religiösen Gemeinschaften das Reden oder Beten in einer Sprache, die dem Sprecher unbekannt ist und das nach Überzeugung der Gläubigen unmittelbar von heiligen Geist bewirkt wird."[11] Die Zungenrede erscheint hier also als Prophetie. Erscheint sie jedoch nicht in Ekstase, sondern der Beter ist bei vollem Bewusstsein und kann den Vorgang kontrollieren, kann es sich um eine persönliche Gebetssprache handeln. Menschen, die die Zungenrede praktizieren, sehen darin oft eine Möglichkeit, etwas auszudrücken, wofür sie keine Worte finden, nämlich die Anbetung und Lobpreisung Gottes.

Psychologische gesehen ist „Glossolalie" eine Art Sprachverwirrung, in der keine völlig neuen Sprachen gebildet werden, in der aber Bruchstücke eines bekannten Wortschatzes neu verknüpft werden. Dies klingt für die Zuhörer oft wirr, für die Sprechenden aber völlig klar.

Da Schnebel den Titel bewusst gewählt hat, kann man also davon ausgehen, dass „Glossolalie" für ihn eine Möglichkeit darstellte, etwas auszudrücken, was andere nicht sofort verstehen können und auch gar nicht sofort verstehen sollen. Er wollte den Zuhörer dadurch anregen, tiefer in die Komposition einzudringen und sich näher damit auseinanderzusetzen.

Die Sprache der Glossolalie ist auch mit einer musikalischen Vorbildung nicht ohne weiteres zu verstehen. Das Stück kann also nicht einfach aufgeführt werden, sondern bedarf eines Produktionsprozesses. Bei diesem Prozess der Erarbeitung soll der Umsetzende sich selbst ein Bild von den Verwendungsmöglichkeiten von Sprache machen und sein musikalisches Verständnis reflektieren. Auch der Zuhörer soll nicht bloß schockiert werden. Viel mehr möchte Schnebel eine innere Veränderung und womöglich eine Verhaltensänderung hervorrufen – ein Angriff auf das konventionelle Publikum[12].

„Glossolalie 61" ist kein auskomponiertes Stück, sondern präpariertes Material zur Hervorbringung von Musik. Es ist kein Werk mehr im eigentlichen Sinne (es wird nicht immer in derselben Form aufgeführt und es gibt keine genauen Angaben der Tonhöhen und Tondauern), sondern nur dessen Definition, ein System von Beziehungen. Schnebel sagt dazu: „Das Material von Glossolalie enthält so viele Möglichkeiten, dass es nicht geraten schien, in der Komposition gleich ein en detail fixiertes Stück anzusteuern. Daher der Versuch, die Musik zunächst bloß zu definieren, das heißt, ihre Verläufe zu umschreiben, ohne auch schon ihren Inhalt genau zu fixieren; also vorzugeben wie in der Mathematik, wenn man eine

Aufgabe allgemein gelöst und dabei mit Buchstaben als allgemeine Zahlen arbeitet, für die man nachher eine ganze Reihe bestimmter Werte einsetzten kann. Durch solche Definition ihrer Materialien wurde die Musik *glossolalie* mehr projektiert denn kompositorisch ausgearbeitet, weshalb außerordentlich viele und verschiedenartige Realisationen dieses Projektes möglich sind – jetzt und in der Zukunft."[13] Das Stück hat also einen sehr experimentellen Charakter, was mit einschließt, dass die Vorgaben nicht zu genau sind, da das Konzept sonst einer konventionellen Komposition zu ähnlich wäre.

Schnebel zeigt mit dieser Musik, dass jeder mit den Mitteln seines eigenen Körpers zum Instrument oder musikalischen Subjekt werden kann. Gesten und Aktionen werden als musikalische Parameter mitkomponiert. Damit „rückt das Schaubare gegenüber dem Hörbaren in den Vordergrund"[14]– die Musik wird sichtbar. Klänge haben hierbei weniger Bedeutung als die Technik ihrer Hervorbringung und Performance: „Die Hervorbringung von Lauten, sei es als einfache Äußerungen oder verwickelter als Sprechen und Singen, geschieht als Tätigkeit von Organen: Die Lungen und damit das gekoppelte Zwerchfell liefern einen Luftstrom, sozusagen Energie, welche im Kehlkopf in bestimmter Weise vorstrukturiert wird, und dann im Mund und den angrenzenden Räumen seinen endgültige Ausformung erhält und also als mehr oder weniger tönender Schall aber auch in sichtbarer Gestalt den Körper verlässt."[15] Er beschreibt vier Schichten der Artikulationsprozesse: Atemzüge, Kehlkopfspannungen, Zungenschläge und Lippenspiel sowie Mundstücke.

Nicht nur der instrumentale, sondern auch der sprachliche Inhalt ist natürlich nicht zufällig gewählt, denn „in einer Musik, die Sprechen zur Stimme macht, ist auch der Inhalt zu berücksichtigen, da er ohnehin tangiert wird. Dann aber werden sprachliche Bestimmungen zu quasi musikalischen."[16]. Hierbei wird „Gesprochenes als Musik genommen, instrumental Gespieltes als Sprache. Zwischen der versprachlichten Musik und der musikalisierten Sprache gibt es vielerlei Verbindungen – gradlinige und dialektisch krumme, ja gezackte. Solche Kombinationen wurden wie Stufen zueinander in Beziehung gesetzt."[17] Schnebel weist auch im Text der „Glossolalie 61" den Zuhörer direkt an, auf die musikalisierte Sprache zu achten: „hören Sie die Sprachverläufe wie sonst Musik"[18].

Die Worte selbst werden in sehr unterschiedlicher Weise eingesetzt: „Wenn man Sprechverläufe nur musikalisch festlegt, nämlich in Höhe, Farbe, Tempo und Lautstärke, so ist er keineswegs egal, welches sprachliche Material man verwendet, es sei denn, man wählt Nonsense-Silben oder Texte in unverständlichen Fremdsprachen. Schon Wörter haben nämlich gewissermaßen eine Farbe (…). Manche wirken modisch zu Beispiel Start, Spurt, Sport, Cognac, Cocktail, Costa brava; elastic, chic, exklusiv. Andere Wörter wirken altmodisch, wie zum Beispiel Ruhe, Buße, Fron, Seele, Liebe (…). Nun stehen Wörter meist nicht isoliert, sondern werden zu Sätzen verbunden. Da ist die Art, wie das geschieht, charakteristisch – ob die Verbindungen einfach sind, undeutlich, kompliziert, deutlich; oder ob so, dass der Satz wenig mitzuteilen vermag, gar nichts sagend wird; oder – seltener – so, dass er eigene Aussagen komprimiert."[19]

Ein Teil der Sätze die Schnebel in den Text einbaut sind bekannte Zitate. Die Aussage Karl Jaspers aus der Existenzphilosophie - „mit dem Opfer aber ist etwas Überzeitliches und Übersinnliches verbunden; es ist, wenn auch vergeblich, nicht sinnlos"[20]- erscheint durch die Begleitung der Klaviers mit Chopins Trauermarsch überspitzt und zeigt eindeutig Schnebels Kritik. Außerdem setzt Schnebel Sprache ein, die gesellschaftlich präformiert ist: Propaganda-Sprüche und Alltagskauderwelsch, das die Leute am Stammtisch sprechen, bzw. bekannte Sprüche des Volksmundes: „Kunst aber soll erheben und erbauen"[21].

Man könte dieses Stück aufgrund der Propaganda-Sprüche sicherlich als agitatorisch betrachten, wie es auch ein Freund und ehemaliger Mitschüler Schnebels, Heinz-Klaus Metzger, tat. Schnebel jedoch widerspricht diesem Vorwurf mit der Begründung, wenn es ihm um Agitation gegangen wäre, hätte er die sprachlichen Inhalte dynamisiert, also unterstützt. Er betrachte im Gegenteil das Drängen der Leute in eine bestimmte Richtung als autoritär und wünsche sich im Gegenteil, dass jeder Mensch soweit möglich Individuum sein solle. Er sei dagegen, die Menschen nur zur Leistung zu erziehen, sondern unterstütze die freie Entfaltung der individuellen Fähigkeiten.[22]

Anmerkungen

[1] Jungheinrich, Hans-Klaus: Unerschöpfliche Spiele mit dem Erdenklichen. Zum 70. Geburtstag des Komponisten und Theologen Dieter Schnebel, in: Neue Musikzeitung, Ausgabe 04/2000(http://www.nmz.de/nmz/nmz2000/nmz04/rumpf/feature-schnebel.shtml)

[2] Pauli, Hansjörg: Für wen komponieren sie eigentlich? Frankfurt a. M., 1971, S. 12

[3] Schulz, Reinhard: Die befleckte Empfängnis und die chaotischen Wucherungen. Der Komponist Dieter Schnebel feiert am 14. März seinen 75.Geburtstag, in: Neue Musikzeitung, Ausgabe 03/2005, 54. Jahrgang, S.9 (http://www.nmz.de/nmz/2005/03/magazin-schnebel.shtml)

[4] Schnebel, Dieter: Die Tradition des Fortschritts und der Fortschritt der Tradition. Ein Erfahrungsbericht, in: Grünzweig, Werner/ Schröder, Gesine/ Supper, Martin (hrgs): SchNeBeL 60, Hofheim 1990, S.14

[5] in: Grünzweig, Werner/ Schröder, Gesine/ Supper, Martin (hrgs): SchNeBeL 60, Hofheim 1990

[6] Schnebel, Dieter: Die Tradition des Fortschritts und der Fortschritt der Tradition. Ein Erfahrungsbericht, S.11

[7] ebd. S.20

[8] ebd. S.16

[9] vgl. Pauli, Hansjörg, S.18ff

[10] Schnebel, Dieter: Partitur „Glossolalie 61", Mainz 1974, S.24

[11] http://de.wikipedia.org

[12] vgl. Heilgendorff, Sabine: Experimentelle Inszenierungen von Sprache und Musik. Vergleichende Analysen zu Dieter Schnebel und John Cage, Rombach 2002, S. 320 ff.

[13] Dieter Schnebel, „Glossolalie", in: Denkbare Musik, hg. Von Hans Rudolf Zeller, Köln 1972, S.257

[14] Pauli, Hansjörg, S.14

[15] Schnebel, Dieter: Die Tradition des Fortschritts und der Fortschritt der Tradition. Ein Erfahrungsbericht, S.16

[16] Schnebel, Dieter: „Glossolalie 61", in: Denkbare Musik, hg von Hans Rudolf Zeller, Köln 1972, S.391

[17] Schnebel, Dieter: Die Tradition des Fortschritts und der Fortschritt der Tradition. Ein Erfahrungsbericht, S.14

[18] Schnebel, Dieter: Partitur „Glossolalie 61", S.65

[19] Schnebel, Dieter: „Glossolalie 61", in: Denkbare Musik, hg von Hans Rudolf Zeller, Köln 1972, S.391

[20] Schnebel, Dieter: Partitur „Glossolalie 61", S.68

[21] ebd. S.69

[22] vgl. Pauli, Hansjörg, S.33f

Quellen:

1. Heilgendorff, Sabine: Experimentelle Inszenierungen von Sprache und Musik. Vergleichende Analysen zu Dieter Schnebel und John Cage, Rombach 2002, S. 320 ff.

2. Jungheinrich, Hans-Klaus: Unerschöpfliche Spiele mit dem Erdenklichen. Zum 70. Geburtstag des Komponisten und Theologen Dieter Schnebel, in: Neue Musikzeitung, Ausgabe 04/2000(http://www.nmz.de/nmz/nmz2000/nmz04/rumpf/feature-schnebel.shtml)

3. Pauli, Hansjörg: Für wen komponieren sie eigentlich? Frankfurt a. M., 1971

4. Schnebel, Dieter: Die Tradition des Fortschritts und der Fortschritt der Tradition. Ein Erfahrungsbericht, in: Grünzweig, Werner/ Schröder, Gesine/ Supper, Martin (hrgs): SchNeBeL 60, Hofheim 1990

5. Schnebel, Dieter: „Glossolalie", in: Denkbare Musik, hg. Zeller, Hans Rudolf, Köln 1972

6. Schulz, Reinhard: Die befleckte Empfängnis und die chaotischen Wucherungen. Der Komponist Dieter Schnebel feiert am 14. März seinen 75.Geburtstag, in: Neue Musikzeitung, Ausgabe 03/2005, 54. Jahrgang, S.9 (http://www.nmz.de/nmz/2005/03/magazin-schnebel.shtml)

7. Schulz, Reinhard: Die Stimme neu denken und hören. Zum 75. Geburtstag des Komponisten Dieter Schnebel, in: Oper & Tanz 02/2005 (www.operundtanz.de/archiv/2005/02/portrait-schnebel.shtml)

BEI GRIN MACHT SICH IHR WISSEN BEZAHLT

- Wir veröffentlichen Ihre Hausarbeit, Bachelor- und Masterarbeit

- Ihr eigenes eBook und Buch - weltweit in allen wichtigen Shops

- Verdienen Sie an jedem Verkauf

Jetzt bei www.GRIN.com hochladen und kostenlos publizieren